ÉLOGE DE L'AMOUR

Du même auteur
(ouvrages récents)

De quoi Sarkozy est-il le nom ?, Lignes, 2007.
L'Hypothèse communiste, Lignes, 2009.
Second manifeste pour la philosophie, Fayard, 2009 ; Champs-Flammarion, 2010.
L'Antiphilosophie de Wittgenstein, Nous, 2009.
Éloge de l'amour, Flammarion, 2009.
Cinéma, Nova Éditions, 2010.
Cinq leçons sur le cas Wagner, Nous, 2010.
Le fini et l'infini, Bayard, 2010.
L'Explication – conversation avec Aude Lancelin (avec Alain Finkielkraut), Lignes, 2010.
L'Antisémitisme en France aujourd'hui (avec Éric Hazan), La Fabrique, 2011.

Alain BADIOU
avec Nicolas TRUONG

ÉLOGE DE L'AMOUR

Champs essais

ISBN : 978-2-0812-4882-3

« *L'amour est à réinventer, on le sait.* »

Arthur Rimbaud, *Une saison en enfer*, *Délires I*

PRÉSENTATION

Il est important que le philosophe se rappelle les innombrables circonstances de la vie dans lesquelles il ne se distingue en rien de n'importe qui d'autre. S'il l'oublie, du reste, la tradition théâtrale, singulièrement la comédie, le lui remettra un peu rudement en mémoire. C'est en effet, sur scène un type bien défini que celui du philosophe amoureux, où l'on voit que toute sa sagesse stoïcienne, toute sa méfiance argumentée à l'égard des passions tombent en poussière parce qu'une femme rayonnante vient d'entrer dans le salon et qu'il en est pour toujours foudroyé.

J'ai de longue date pris les devants, dans la vie comme dans la pensée. J'ai posé que le philosophe (et sous ce mot, qu'on l'entende au neutre, vient aussi, naturellement, *la* philosophe) doit être sans doute un scientifique averti, un amateur de poèmes et un militant politique, mais qu'il doit aussi assumer que la pensée n'est jamais séparable des violentes péripéties de l'amour. Savant(e), artiste, militant(e) et amant(e), tels sont les rôles que la philosophie exige de son sujet. J'ai appelé ça les quatre *conditions* de la philosophie.

C'est pourquoi j'ai aussitôt répondu « oui » quand Nicolas Truong m'a convié à un dialogue public sur l'amour, dans la série « Théâtre des idées » qu'il organise avec le Festival d'Avignon. Ce mélange de théâtre, de foule, de dialogue, d'amour et de philosophie avait quelque chose de grisant. On était en outre le 14 juillet (2008) et je me réjouissais que l'amour, cette force cosmopolite, louche, sexuée, transgressant frontières et statuts sociaux, soit célébré en lieu et place de l'Armée, de la Nation et de l'État.

Fanfaronnons un peu : Nicolas, le questionneur, et moi-même, dans le rôle équivoque du philosophe amoureux, étions en forme, et ce fut un succès. N'hésitons pas : un succès considérable.

Les éditions Flammarion ont eu la bonne idée de faire écho, d'abord sous forme sonore (un CD de la séance), puis sous forme écrite (un livre), à ce succès. Le texte que vous allez lire est un redéploiement de ce qui fut dit ce jour-là. Il en garde le rythme improvisé, la clarté, l'élan, mais il est plus complet, plus profond. Je crois qu'il est vraiment, d'un bout à l'autre, ce que son titre dit qu'il est : un éloge de l'amour, proposé par un philosophe qui, comme Platon, que je cite, pense que « Qui ne commence pas par l'amour ne saura jamais ce que c'est que la philosophie ». C'est donc ici le philosophe-amant Alain Badiou qui soutient l'assaut du questionneur avisé, philosophe tout autant, et amant bien entendu, Nicolas Truong.

I

L'AMOUR MENACÉ

Dans un livre devenu célèbre, De quoi Sarkozy est-il le nom ?, *vous soutenez que « l'amour doit être réinventé mais aussi tout simplement défendu, parce qu'il est menacé de toutes parts ». De quoi est-il menacé ? Et en quel sens les anciens mariages arrangés ont-ils selon vous revêtu des habits neufs aujourd'hui ? Je crois qu'une récente publicité pour un site de rencontres par Internet vous a particulièrement frappé...*

C'est vrai, Paris a été couvert d'affiches pour le site de rencontres Meetic, dont l'intitulé m'a profondément interpellé. Je peux citer un certain nombre de slogans de cette campagne publicitaire. Le premier dit – et il s'agit du détournement d'une citation de théâtre – « Ayez l'amour sans le hasard ! ». Et puis, il y en a un autre : « On peut être amoureux sans tomber amoureux ! » Donc, pas de chute, n'est-ce pas ? Et puis, il y a aussi : « Vous pouvez parfaitement être amoureux sans souffrir ! » Et tout ça grâce au site de rencontres Meetic... qui vous propose de surcroît – l'expression m'a paru tout à fait remarquable – un « coaching amoureux ». Vous aurez donc un entraîneur qui va vous préparer à affronter l'épreuve. Je pense que cette propagande publicitaire relève d'une conception sécuritaire de l'« amour ». C'est l'amour assurance tous risques : vous aurez l'amour, mais vous aurez si bien calculé votre affaire, vous aurez si bien sélectionné d'avance votre partenaire en pianotant sur Internet – vous aurez évidemment sa photo, ses goûts en détail, sa date de naissance, son signe astrologique, etc. – qu'au terme de cette immense combinaison vous pourrez vous dire : « Avec celui-là, ça va marcher sans risques ! » Et ça, c'est une propagande, c'est intéressant que la publicité se fasse sur ce registre-là. Or, évidemment, je suis convaincu que l'amour, en tant qu'il est un goût collectif, en tant qu'il est, pour quasiment tout le monde, la chose qui donne à la vie intensité et signification, je pense que l'amour ne peut pas être ce don fait à l'existence au régime de l'absence totale de risques. Ça me paraît un petit peu comme la propagande qu'avait faite à un moment donné l'armée américaine pour la guerre « zéro mort ».

Il y aurait selon vous une correspondance entre la guerre « zéro mort » et l'amour « zéro risque », de la même manière qu'il existe, pour les sociologues Richard Sennett et Zygmunt Bauman, une analogie entre le « je ne t'engage pas » que dit l'agent du capitalisme financier au travailleur précarisé et le « je ne m'engage pas » que prononce à sa ou son partenaire l'« amoureux » détaché dans un monde où les liens se font et se défont au profit d'un libertinage cosy et consumériste ?

C'est un peu le même monde, tout ça. La guerre « zéro mort », l'amour « zéro risque », pas de hasard, pas de rencontre, je vois là, avec les moyens d'une propagande générale, une première menace sur l'amour, que j'appellerai la menace sécuritaire. Après tout, ce n'est pas loin d'être un mariage arrangé. Il ne l'est pas au nom de l'ordre familial par des parents despotiques, mais au nom du sécuritaire personnel, par un arrangement préalable qui évite tout hasard, toute rencontre, et finalement toute poésie existentielle, au nom de la catégorie fondamentale de l'absence de risques. Et puis, la deuxième menace qui pèse sur l'amour, c'est de lui dénier toute importance. La contrepartie de cette menace sécuritaire consiste à dire que l'amour n'est qu'une variante de l'hédonisme généralisé, une variante des figures de la jouissance. Il s'agit ainsi d'éviter toute épreuve immédiate, toute expérience authentique et profonde de l'altérité dont l'amour est tissé. Ajoutons tout de même que, le risque n'étant jamais éliminé pour de bon, la propagande de Meetic, comme celle des armées impériales, consiste à dire que le risque sera pour les autres ! Si vous êtes, vous, bien préparé pour l'amour, selon les canons du sécuritaire moderne, vous saurez, vous, envoyer promener l'autre, qui n'est pas conforme à votre confort. S'il souffre, c'est son affaire, n'est-ce pas ? Il n'est pas dans la modernité. De la même manière que « zéro mort », c'est pour les militaires occidentaux. Les bombes qu'ils déversent tuent quantité de gens qui ont le tort de vivre dessous. Mais ce sont des Afghans, des Palestiniens... Ils ne sont pas modernes non plus. L'amour sécuritaire, comme tout ce dont la norme est la sécurité, c'est l'absence de risques pour celui qui a une bonne assurance, une bonne armée, une bonne police, une bonne psychologie de la jouissance personnelle, et tout le risque pour celui en face de qui il se trouve. Vous avez remarqué que partout on vous explique que les choses se font « pour votre confort et votre sécurité », depuis les trous dans le trottoir jusqu'aux contrôles de police dans les couloirs du métro. Nous avons là les deux ennemis de l'amour, au fond : la sécurité du contrat d'assurance et le confort des jouissances limitées.

Il y aurait donc une sorte d'alliance entre une conception libertaire et une conception libérale de l'amour ?

Je crois en effet que libéral et libertaire convergent vers l'idée que l'amour est un risque inutile. Et qu'on peut avoir d'un côté une espèce de conjugalité préparée qui se poursuivra dans la douceur de la consommation et de l'autre des arrangements sexuels plaisants et remplis de jouissance, en faisant l'économie de la passion. De ce point de vue, je pense réellement que l'amour, dans le monde tel qu'il est, est pris dans cette étreinte, dans cet encerclement, et qu'il est, à ce titre, menacé. Et je crois que c'est une tâche philosophique, parmi d'autres, de le défendre. Ce qui suppose, probablement, comme le disait le poète Rimbaud, qu'il faille le réinventer aussi. Ça ne peut pas être une défensive par la simple conservation des choses. Le monde est en effet rempli de nouveautés et l'amour doit aussi être pris dans cette novation. Il faut réinventer le risque et l'aventure, contre la sécurité et le confort.

II

Les philosophes et l'amour

C'est à Rimbaud que vous empruntez la formule « L'amour est à réinventer » et dans votre propre conception de l'amour vous vous appuyez sur de nombreux poètes ou écrivains. Mais avant d'en venir là, il faut peut-être interroger les philosophes. Or, vous avez été frappé par le fait que peu d'entre vous se sont sérieusement intéressés à l'amour, et quand ils l'ont fait, vous êtes souvent en désaccord avec leur conception. Pour quelles raisons ?

La question du rapport des philosophes à l'amour est en effet compliquée. Le livre écrit par Aude Lancelin et Marie Lemonnier, *Les Philosophes et l'amour. Aimer, de Socrate à Simone de Beauvoir*, le montre très bien. Le livre est d'autant plus intéressant qu'il combine sans aucune vulgarité ni vulgarisation l'examen des doctrines et l'enquête sur la vie des philosophes. En ce sens, il n'a pratiquement pas de prédécesseur. Ce que ce livre met en évidence, c'est que la philosophie oscille entre deux extrémités sur l'amour, même s'il y a aussi des points de vue intermédiaires. Il y a d'un côté la philosophie « anti-amour », Arthur Schopenhauer en étant le représentant patenté. Celui-ci explique notamment qu'il ne pardonnera jamais aux femmes d'avoir eu la passion de l'amour, parce que c'est comme ça qu'elles ont rendu possible la perpétuation de cette espèce humaine qui pourtant ne valait rien ! Ça, c'est une extrémité. Et puis, à l'autre extrémité, vous avez quand même les philosophies qui font de l'amour un des stades suprêmes de l'expérience subjective. C'est le cas chez Sören Kierkegaard, par exemple. Pour Kierkegaard, il y a trois stades de l'existence. Dans le stade esthétique, l'expérience de l'amour est celle de la séduction vaine et de la répétition. L'égoïsme de la jouissance et l'égoïsme de cet égoïsme animent les sujets, dont l'archétype est le Don Juan de Mozart. Dans le stade éthique, l'amour est véritable, il expérimente son propre sérieux. Il s'agit d'un engagement éternel, tourné vers l'absolu, dont Kierkegaard fit l'expérience dans la longue cour faite à une jeune femme, Régine. Le stade éthique peut faire transition vers le stade suprême, le stade religieux, si la valeur absolue de l'engagement est sanctionnée par le mariage. Le mariage est alors conçu, non pas du tout comme une consolidation du lien social contre les périls de l'errance amoureuse, mais comme ce qui tourne l'amour véritable vers sa destination essentielle. Il y a cette possibilité de transfiguration finale de l'amour quand « le Moi plonge à travers sa propre transparence dans la puissance qui l'a posé », entendons : quand, grâce à l'expérience de l'amour, le Moi s'enracine dans sa provenance divine. L'amour est alors, au-delà de la séduction, et dans la médiation sérieuse du mariage, un moyen d'accéder au suprahumain.

La philosophie, vous le voyez, est donc disposée dans une grande tension. D'un côté, une espèce de soupçon rationnel jeté sur l'amour comme extravagance naturelle du sexe. De l'autre, une apologie de l'amour souvent proche de l'élan religieux. Avec comme arrière-plan le christianisme, qui est quand même une religion de l'amour. Notez bien que cette tension est presque insupportable. Ainsi Kierkegaard n'a pu supporter l'idée d'épouser Régine, il a rompu avec elle. Il a finalement incarné le séducteur esthétisant du premier stade, la promesse éthique de second stade et l'échec du passage, *via* le sérieux existentiel du mariage, au troisième stade. Dans tous les cas, il a traversé toutes les figures de la réflexion philosophique sur l'amour.

L'origine de votre propre intérêt pour cette question n'est-elle pas contenue dans le geste inaugural de Platon qui fait de l'amour une des modalités d'accès à l'Idée ?

Ce que Platon dit sur l'amour est assez précis : il dit qu'il y a dans l'élan amoureux un germe d'universel. L'expérience amoureuse est un élan vers quelque chose qu'il va appeler l'Idée. Ainsi, même quand je suis simplement en train d'admirer un beau corps, que je le veuille ou non, je suis en route vers l'idée du Beau. Je pense – dans des termes tout à fait différents, naturellement –, quelque chose du même ordre, c'est-à-dire que, dans l'amour, il y a l'expérience du passage possible de la pure singularité du hasard à un élément qui a une valeur universelle. Avec comme point de départ une chose qui, réduite à elle-même, n'est qu'une rencontre, presque rien, on apprend qu'on peut expérimenter le monde à partir de la différence et non pas seulement de l'identité. Et on peut même accepter des épreuves, on peut accepter de souffrir pour cela. Or, dans le monde d'aujourd'hui, la conviction est largement répandue que chacun ne suit que son intérêt. Alors l'amour est une contre-épreuve. S'il n'est pas conçu comme le seul échange d'avantages réciproques, ou s'il n'est pas calculé longuement à l'avance comme un investissement rentable, l'amour est vraiment cette confiance faite au hasard. Il nous amène dans les parages d'une expérience fondamentale de ce qu'est la différence et, au fond, dans l'idée qu'on peut expérimenter le monde du point de vue de la différence. C'est en cela qu'il a une portée universelle, qu'il est une expérience personnelle de l'universalité possible, et qu'il est philosophiquement essentiel, comme Platon en a eu, en effet, la première intuition.

Également en dialogue avec Platon, le psychanalyste Jacques Lacan, qui est selon vous l'un des plus grands théoriciens de l'amour, avait soutenu qu'« il n'y a pas de rapport sexuel ». Que voulait-il dire ?

C'est une thèse très intéressante, dérivée de la conception sceptique et moraliste, mais qui aboutit au résultat contraire. Jacques Lacan nous rappelle que dans la sexualité, en réalité, chacun est en grande partie dans sa propre affaire, si je puis dire. Il y a la médiation du corps de l'autre, bien entendu, mais en fin de compte, la jouissance sera toujours votre jouissance. Le sexuel ne conjoint pas, il sépare. Que vous soyez nu(e), collé(e) à l'autre, est une image, une représentation imaginaire. Le réel, c'est que la jouissance vous emporte loin, très loin de l'autre. Le réel est narcissique, le lien est imaginaire. Donc, il n'y a pas de rapport sexuel, conclut Lacan. Formule qui a fait scandale, puisqu'à l'époque tout le monde parlait, justement, des « rapports sexuels ». S'il n'y a pas de rapport sexuel dans la sexualité, l'amour est ce qui vient suppléer au manque de rapport sexuel. Lacan ne dit pas du tout que l'amour, c'est le déguisement du rapport sexuel, il dit qu'il n'y a pas de rapport sexuel, que l'amour est ce qui vient à la place de ce non-rapport. C'est beaucoup plus intéressant. Cette idée le conduit à dire que, dans l'amour, le sujet tente d'aborder l'« être de l'autre ». C'est dans l'amour que le sujet va au-delà de lui-même, au-delà du narcissisme. Dans le sexe, vous êtes au bout du compte en rapport avec vous-même dans la médiation de l'autre. L'autre vous sert pour découvrir le réel de la jouissance. Dans l'amour, en revanche, la médiation de l'autre vaut pour elle-même. C'est cela, la rencontre amoureuse : vous partez à l'assaut de l'autre, afin de le faire exister avec vous, tel qu'il est. Il s'agit d'une conception beaucoup plus profonde que la conception tout à fait banale selon laquelle l'amour ne serait qu'une peinture imaginaire sur le réel du sexe.

En fait, Lacan lui aussi s'installe dans les équivoques philosophiques concernant l'amour. Dire que l'amour « supplée au manque de rapport sexuel » peut en effet se comprendre de deux façons différentes. La première, la plus banale, est que l'amour vient boucher imaginairement le vide de la sexualité. C'est bien vrai après tout que la sexualité, si magnifique qu'elle soit, et elle peut l'être, se termine dans une sorte de vide. C'est bien la raison pour laquelle elle est sous la loi de la répétition : il faut encore et encore recommencer. Tous les jours, quand on est jeune ! Alors l'amour serait l'idée que quelque chose demeure dans ce vide, que les amants sont liés par autre chose que ce rapport qui n'existe pas. Très jeune, j'avais été très frappé, presque dégoûté, par un passage de Simone de Beauvoir, dans *Le Deuxième Sexe*, où elle décrit, après l'acte sexuel, le sentiment qui gagne l'homme que le corps de la femme est fade et mou, et le sentiment symétrique de la femme que le corps de l'homme, hormis le sexe dressé, est généralement disgracieux, voire un peu ridicule. Au théâtre, la farce ou le vaudeville nous font rire par un constant usage de ces pensées tristes. Le désir de l'homme est celui du Phallus comique, gros ventre et impuissance, et la vieille femme édentée dont les seins pendent est l'avenir réel de toute beauté. La tendresse amoureuse, quand on s'endort dans les bras l'un de l'autre, serait comme un manteau de Noé jeté sur ces déplaisantes considérations. Mais Lacan pense aussi tout le contraire, à savoir que l'amour a une portée qu'on peut dire ontologique. Alors que le désir s'adresse dans l'autre, de façon toujours un peu fétichiste, à des objets élus, comme les seins, les fesses, la verge..., l'amour s'adresse à l'être même de l'autre, à l'autre tel qu'il a surgi, tout armé de son être, dans ma vie ainsi rompue et recomposée.

Vous dites en somme qu'il y a sur l'amour des conceptions philosophiques très contradictoires.

J'en discerne trois principales. D'abord, la conception romantique, qui se concentre sur l'extase de la rencontre. Ensuite, nous en avons un peu parlé à propos du site de rencontres Meetic, la conception, qu'on peut dire commerciale ou juridique, selon laquelle l'amour serait finalement un contrat. Un contrat entre deux individus libres qui déclareraient qu'ils s'aiment, mais en faisant bien attention à l'égalité du rapport, au système des avantages réciproques, etc. Il y a également une conception sceptique, qui fait de l'amour une illusion. Ce que je tente de dire dans ma propre philosophie, c'est que l'amour ne se réduit à aucune de ces tentatives-là, et qu'il est une construction de vérité. Vérité sur quoi, demanderez-vous ? Eh bien, vérité sur un point très particulier, à savoir : qu'est-ce que c'est que le monde quand on l'expérimente à partir du deux et non pas de l'un ? Qu'est-ce que c'est que le monde, examiné, pratiqué et vécu à partir de la différence et non à partir de l'identité ? Je pense que l'amour, c'est cela. C'est le projet, incluant naturellement le désir sexuel et ses épreuves, incluant la naissance d'un enfant, mais incluant également mille autres choses, à vrai dire, n'importe quoi à partir du moment où il s'agit de vivre une épreuve du point de vue de la différence.

Puisque l'amour est, selon vous, une façon de faire l'expérience du monde à partir de la différence, pourquoi ne partagez-vous pas la conception du philosophe Emmanuel Levinas, selon laquelle l'amoureux aime en la personne aimée non pas « une qualité différente de toutes les autres, mais la qualité même de la différence » ? Pourquoi l'amour n'est-il pas pour vous une expérience de l'autre ?

Je crois qu'il est essentiel de comprendre que la construction du monde à partir d'une différence est absolument autre chose que l'expérience de la différence. La vision de Levinas part de l'expérience irréductible du visage de l'autre, épiphanie dont le support est en définitive Dieu comme « le tout-Autre ». L'expérience de l'altérité est centrale, car elle fonde l'éthique. Il en résulte, dans une grande tradition religieuse, que l'amour est par excellence un sentiment éthique. À mes yeux, il n'y a rien de spécialement « éthique » dans l'amour comme tel. Je n'aime à vrai dire pas du tout ces ruminations théologiques à partir de l'amour, même si je sais qu'elles ont eu de grands effets dans l'histoire. J'y vois la revanche ultime de l'Un contre le Deux. En vérité, il y a pour moi la rencontre d'un autre, mais précisément une rencontre n'est pas une expérience, c'est un événement qui reste totalement opaque et n'a de réalité que dans ses conséquences multiformes à l'intérieur d'un monde réel. Je ne vois pas non plus l'amour comme une expérience « oblative », c'est-à-dire une expérience dans laquelle je m'oublie au profit de l'autre, lui-même modèle en ce monde de ce qui ultimement me rapporte au tout-Autre. Déjà Goethe disait, à la fin de *Faust*, que « l'éternel féminin nous emmène en Haut ». Ce sont là, pardonnez-moi, des expressions que je trouve légèrement obscènes. L'amour ne m'emmène pas « en haut », ni du reste « en bas ». Il est une proposition existentielle : construire un monde d'un point de vue décentré au regard de ma simple pulsion de survie ou de mon intérêt bien compris. Ici, j'oppose « construction » à « expérience ». Si, appuyé sur l'épaule de celle que j'aime, je vois, disons, la paix du soir sur un lieu montagnard, la prairie d'un vert doré, l'ombre des arbres, les moutons au museau noir immobiles derrière les haies et le soleil en train de s'absenter derrière les rochers, et que je sais, non par son visage, mais dans le monde même tel qu'il est, que celle que j'aime voit le même monde, et que cette identité fait partie du monde, et que l'amour est justement, en ce moment même, ce paradoxe d'une différence identique, alors l'amour existe, et promet d'exister encore. C'est qu'elle et moi sommes incorporés à cet unique Sujet, le Sujet d'amour, qui traite le déploiement du monde à travers le prisme de notre différence, en sorte que ce monde advient, qu'il naît, au lieu de n'être que ce qui remplit mon regard personnel. L'amour est toujours la possibilité d'assister à la naissance du monde. La naissance d'un enfant, si elle est dans l'amour, est du reste un des exemples de cette possibilité.

III

La construction amoureuse

Venons-en maintenant à votre propre conception de l'amour. Nous avons dit que Rimbaud voulait réinventer l'amour. Mais à partir de quelle pensée de l'amour peut-on donc le réinventer ?

Je pense qu'il faut aborder la question de l'amour à partir de deux points qui correspondent à l'expérience de chacun. D'abord, l'amour traite une séparation ou une disjonction, qui peut être la simple différence entre deux personnes, avec leur subjectivité infinie. Cette disjonction est, dans la majorité des cas, la différence sexuelle. Quand ce n'est pas le cas, l'amour impose quand même qu'on se confronte à deux figures, à deux postures de représentation différentes. Autrement dit, dans l'amour, vous avez un premier élément qui est une séparation, une disjonction, une différence. Vous avez un *Deux*. L'amour, ça traite d'abord un Deux. Le deuxième point, c'est que, précisément parce qu'il traite une disjonction, au moment où ce Deux va se montrer, entrer en scène comme tel et expérimenter le monde de façon neuve, il ne peut prendre qu'une forme hasardeuse ou contingente. C'est ce qu'on appelle la rencontre. L'amour s'initie toujours dans une rencontre. Et cette rencontre, je lui donne le statut, en quelque manière métaphysique, d'un *événement*, c'est-à-dire quelque chose qui n'entre pas dans la loi immédiate des choses. Les exemples littéraires ou artistiques qui mettent en scène ce point de départ de l'amour sont innombrables. De nombreux récits et romans ont été consacrés à des cas où le Deux est particulièrement prononcé, lors desquels les deux amants n'appartiennent pas à la même classe, au même groupe, au même clan ou au même pays. *Roméo et Juliette* restant, évidemment, l'allégorie de cette disjonction, puisqu'ils appartiennent à des mondes ennemis. Ce côté diagonal de l'amour, qui passe à travers les dualités les plus puissantes et les séparations les plus radicales, est un élément tout à fait important. La rencontre entre deux différences est un événement, quelque chose de contingent, de surprenant, les « surprises de l'amour », encore le théâtre. À partir de cet événement, l'amour peut être initié et introduit. C'est le premier point, tout à fait essentiel. Cette surprise enclenche un processus qui est fondamentalement une expérience du monde. L'amour, ça n'est pas simplement la rencontre et les relations fermées entre deux individus, c'est une construction, c'est une vie qui se fait, non plus du point de vue de l'Un, mais du point de vue du Deux. Et c'est ce que j'appelle la « scène du Deux ». Personnellement, je me suis toujours intéressé aux questions de durée et de processus, et non pas seulement aux questions de commencement.

Selon vous, l'amour ne se résume pas à la rencontre, mais se réalise dans la durée. Pour quelles raisons récusez-vous la conception fusionnelle de l'amour ?

Je crois qu'il y a une conception romantique de l'amour encore très présente, qui, en quelque manière, le consume dans la rencontre. C'est-à-dire que l'amour est brûlé, consommé et consumé en même temps, dans la rencontre, dans un moment d'extériorité magique au monde tel qu'il est. Quelque chose arrive, là, qui est de l'ordre du miracle, une intensité d'existence, une rencontre fusionnelle. Mais lorsque les choses se déroulent ainsi, nous ne sommes pas en présence de la « scène du Deux », mais de la « scène de l'Un ». C'est la conception fusionnelle de l'amour : les deux amants se sont rencontrés et quelque chose comme un héroïsme de l'Un a eu lieu contre le monde. On remarquera que, très souvent, dans la mythologie romantique, ce point de fusion conduit à la mort. Il y a un lien intime et profond entre l'amour et la mort, dont le sommet est sans doute le *Tristan et Isolde* de Richard Wagner, parce qu'on a consumé l'amour dans le moment ineffable et exceptionnel de la rencontre et qu'après on ne peut plus rentrer dans le monde qui reste extérieur à la relation.

C'est une conception romantique radicale, et je crois qu'elle doit être récusée. Elle a une beauté artistique extraordinaire, mais, à mon avis, un inconvénient existentiel grave. Je crois qu'il faut la tenir pour un mythe artistique puissant mais pas pour une philosophie véritable de l'amour. Parce que l'amour, après tout, a lieu dans le monde. C'est un événement qui n'était pas prévisible ou calculable selon les lois du monde. Rien ne permettait d'arranger la rencontre – même pas Meetic, quand bien même on aurait fait de longs *chats* avant ! – parce que, finalement, au moment où on se voit, on se voit, ça, c'est irréductible ! Mais l'amour ne peut pas se réduire à la rencontre, car il est une construction. L'énigme de la pensée de l'amour, c'est la question de cette durée qui l'accomplit. Le point le plus intéressant, au fond, ce n'est pas la question de l'extase des commencements. Il y a bien sûr une extase des commencements, mais un amour, c'est avant tout une construction durable.

Disons que l'amour est une aventure obstinée. Le côté aventureux est nécessaire, mais ne l'est pas moins l'obstination. Laisser tomber au premier obstacle, à la première divergence sérieuse, aux premiers ennuis, n'est qu'une défiguration de l'amour. Un amour véritable est celui qui triomphe durablement, parfois durement, des obstacles que l'espace, le monde et le temps lui proposent.

Et quelle est la nature de cette construction ?

Dans les contes, on n'en dit pas grand-chose, n'est-ce pas. Dans les contes, on dit : « Ils se marièrent et eurent beaucoup d'enfants. » Oui, mais bon, l'amour, est-ce que c'est se marier ? Est-ce que c'est avoir beaucoup d'enfants ? Cette explication est un peu maigre et stéréotypée. L'idée que l'amour s'achève ou se réalise exclusivement dans la création d'un univers familial n'est pas satisfaisante. Non pas que l'univers familial ne fasse pas partie de l'amour – je maintiens, moi, qu'il fait partie de l'amour –, mais on ne peut pas le réduire à cela. Il faut comprendre comment la naissance d'un enfant fait partie de l'amour, mais il ne faut pas dire que la réalisation de l'amour, c'est la naissance d'un enfant. C'est la question de la durée qui m'intéresse dans l'amour. Précisons : par « durée », il ne faut pas entendre principalement que l'amour dure, qu'on s'aime toujours, ou pour toujours. Il faut entendre que l'amour invente une façon différente de durer dans la vie. Que l'existence de chacun, dans l'épreuve de l'amour, se confronte à une temporalité neuve. Certes, pour parler comme le poète, l'amour est aussi le « dur désir de durer ». Mais, plus encore, il est le désir d'une durée inconnue. Parce que, tout le monde le sait, l'amour est une réinvention de la vie. Réinventer l'amour, c'est réinventer cette réinvention.

Dans votre ouvrage Conditions, *vous récusez certaines idées tenaces sur l'amour, notamment la conception du sentiment amoureux comme illusion, chère à la tradition pessimiste des moralistes français, selon laquelle l'amour n'est que « le semblant ornemental par où passe le réel du sexe » ou qui considère que « le désir et la jalousie sexuelle sont le fond de l'amour ». Pourquoi critiquez-vous cette conception ?*

Cette conception moraliste appartient à une tradition sceptique. Cette philosophie prétend qu'en réalité l'amour n'existe pas et qu'il n'est que l'oripeau du désir. La seule chose qui existe, c'est le désir. Selon cette vision, l'amour n'est qu'une construction imaginaire plaquée sur le désir sexuel. Cette conception, qui a une longue histoire, invite tout un chacun à se méfier de l'amour. Elle appartient déjà au registre sécuritaire, parce qu'elle consiste à dire : « Écoutez, si vous avez des désirs sexuels, réalisez-les. Mais vous n'avez pas besoin de vous monter le bourrichon avec l'idée qu'il faut aimer quelqu'un. Laissez tomber tout ça et allez droit au but ! » Mais dans ce cas, je dirai simplement que l'amour est disqualifié – ou déconstruit, si l'on veut – au nom du réel du sexe.

Sur ce point, je voudrais faire état de mon expérience vivante. Je connais, je crois, comme à peu près tout le monde, la force, l'insistance, du désir sexuel. Mon âge ne me l'a pas fait oublier. Je sais aussi que l'amour inscrit dans son devenir la réalisation de ce désir. Et c'est un point important, parce que, comme toute une littérature très ancienne le dit, l'accomplissement du désir sexuel fonctionne aussi comme une des rares preuves matérielles, absolument liée au corps, de ce que l'amour est autre chose qu'une déclaration. La déclaration du type « je t'aime » scelle l'événement de la rencontre, elle est fondamentale, elle engage. Mais livrer son corps, se déshabiller, être nu(e) pour l'autre, accomplir les gestes immémoriaux, renoncer à toute pudeur, crier, toute cette entrée en scène du corps vaut preuve d'un abandon à l'amour. C'est tout de même une différence essentielle avec l'amitié. L'amitié n'a pas de preuve corporelle, de résonance dans la jouissance du corps. C'est pourquoi elle est le sentiment le plus intellectuel, celui que ceux des philosophes qui se méfient de la passion ont toujours préféré. L'amour, surtout dans la durée, a tous les traits positifs de l'amitié. Mais l'amour se rapporte à la totalité de l'être de l'autre, et l'abandon du corps est le symbole matériel de cette totalité. On dira : « Mais non ! C'est le désir, et lui seul, qui fonctionne alors. » Je soutiens que, dans l'élément de l'amour déclaré, c'est cette déclaration, même si elle est encore latente, qui produit les effets de désir, et non directement le désir. L'amour veut que sa preuve enveloppe le désir. La cérémonie des corps est alors le gage matériel de la parole, elle est ce à travers quoi passe l'idée que la promesse d'une réinvention de la vie sera tenue, et d'abord au ras des corps. Mais les amants savent, jusque dans le plus violent délire, que l'amour est là, comme un ange gardien des corps, au réveil, au matin, quand la paix descend sur la preuve de ce que les corps ont entendu la déclaration d'amour. Voilà pourquoi l'amour ne peut être, et je crois n'est pour personne, sinon des idéologues intéressés à sa perte, un simple habillage du désir sexuel, une ruse compliquée et chimérique pour que s'accomplisse la reproduction de l'espèce.

IV

Vérité de l'amour

Vous rappeliez précédemment que Platon avait déjà vu le lien particulier entre amour et vérité. Mais en quoi l'amour est-il, selon vous, une « procédure de vérité » ?

Je soutiens que l'amour est en effet ce que j'appelle dans mon jargon de philosophe une « procédure de vérité », c'est-à-dire une expérience où un certain type de vérité est construit. Cette vérité est tout simplement la vérité sur le Deux. La vérité de la différence comme telle. Et je pense que l'amour – ce que j'appelle la « scène du Deux » – est cette expérience. En ce sens, tout amour qui accepte l'épreuve, qui accepte la durée, qui accepte justement cette expérience du monde du point de la différence produit à sa manière une vérité nouvelle sur la différence. C'est pourquoi tout amour véritable intéresse l'humanité tout entière, si humble qu'il puisse être en apparence, si caché. Nous savons bien que les histoires d'amour passionnent tout le monde ! Le philosophe doit demander pourquoi elles nous passionnent. Pourquoi tous ces films, tous ces romans, toutes ces chansons, entièrement consacrés à des histoires d'amour ? Il faut bien qu'il y ait quelque chose d'universel dans l'amour pour que ces histoires intéressent un immense public. Ce qu'il y a d'universel, c'est que tout amour propose une nouvelle expérience de vérité sur ce que c'est d'être deux et non pas un. Que le monde puisse être rencontré et expérimenté autrement que par une conscience solitaire, voilà ce dont n'importe quel amour nous donne une nouvelle preuve. Et c'est pourquoi nous aimons l'amour, comme le dit saint Augustin, nous aimons aimer, mais nous aimons aussi que d'autres aiment. Tout simplement parce que nous aimons les vérités. C'est là ce qui donne tout son sens à la philosophie : les gens aiment les vérités, même quand ils ne savent pas qu'ils les aiment.

Cette vérité semble devoir être dite, vous avez parlé de l'amour « déclaré ». Dans l'amour il y a, d'après vous, nécessairement l'étape de la déclaration. Pourquoi le fait de dire l'amour est-il si important ?

Parce que la déclaration s'inscrit dans la structure de l'événement. Vous avez d'abord une rencontre.

J'ai dit que l'amour commence par le caractère absolument contingent et hasardeux de la rencontre. C'est vraiment les jeux de l'amour et du hasard. Et ils sont inéluctables. Ils existent toujours, en dépit de la propagande dont je vous parlais. Mais le hasard doit, à un moment donné, être fixé. Il doit commencer une durée, justement. C'est un problème quasi métaphysique très compliqué : comment un pur hasard, au départ, va-t-il devenir le point d'appui d'une construction de vérité ? Comment cette chose qui, au fond, n'était pas prévisible et paraît liée aux imprévisibles péripéties de l'existence va-t-elle cependant devenir le sens complet de deux vies mêlées, appariées, qui vont faire l'expérience prolongée de la constante (re)naissance du monde par l'entremise de la différence des regards ? Comment passe-t-on de la pure rencontre au paradoxe d'un seul monde où se déchiffre que nous sommes deux ? C'est tout à fait mystérieux, à vrai dire. Et d'ailleurs, cela nourrit beaucoup le scepticisme à l'égard de l'amour. Pourquoi, dira-t-on, parler de grande vérité à propos du fait, banal, que quelqu'un a rencontré sa ou son collègue au boulot ? Or c'est justement cela qu'il faut soutenir : un événement d'apparence insignifiante, mais qui en réalité est un événement radical de la vie microscopique, est porteur, dans son obstination et dans sa durée, d'une signification universelle. Il est vrai cependant que « le hasard doit être fixé ». C'est une expression de Mallarmé : « Le hasard est enfin fixé... » Il ne le dit pas à propos de l'amour, il le dit à propos du poème. Mais on peut très bien l'appliquer à l'amour et à la déclaration d'amour, avec les terribles difficultés et angoisses diverses qui lui sont associées. Au demeurant, les affinités entre le poème et la déclaration d'amour sont bien connues. Dans les deux cas, il y a un risque énorme qu'on fait endosser au langage. Il s'agit de prononcer une parole dont les effets, dans l'existence, peuvent être pratiquement infinis. C'est bien aussi le désir du poème. Les mots les plus simples se chargent alors d'une intensité presque insoutenable. Déclarer l'amour, c'est passer de l'événement-rencontre au commencement d'une construction de vérité. C'est fixer le hasard de la rencontre sous la forme d'un commencement. Et souvent ce qui commence là dure si longtemps, est si chargé de nouveauté et d'expérience du monde que, rétrospectivement, cela apparaît non plus du tout comme contingent et hasardeux, comme au tout début, mais pratiquement comme une nécessité. C'est ainsi que le hasard est fixé : l'absolue contingence de la rencontre de quelqu'un que je ne connaissais pas finit par prendre l'allure d'un destin. La déclaration d'amour est le passage du hasard au destin, et c'est pourquoi elle est si périlleuse, si chargée d'une sorte de trac effrayant. La déclaration d'amour, d'ailleurs, n'a pas lieu forcément une seule fois, elle peut être longue, diffuse, confuse, compliquée, déclarée et re-déclarée, et vouée à être re-déclarée encore. C'est le moment où le hasard est fixé. Où vous vous dites : ce qui s'est passé là, cette rencontre, les épisodes de cette rencontre, je vais les déclarer à l'autre. Je vais lui déclarer qu'il s'est passé là, en tout cas pour moi, quelque chose qui m'engage. Voilà : je t'aime. Si « je t'aime » n'est pas une ruse pour coucher avec quelqu'un, ce qui peut arriver, si ce n'est pas cette ruse, qu'est-ce que c'est ? Qu'est-ce qui est dit là ? Ce n'est pas simple du tout, de dire « je t'aime ». On a l'habitude de considérer ce petit membre de phrase comme absolument usé et insignifiant. D'ailleurs, quelquefois, pour dire « je t'aime », on préfère employer d'autres mots, plus poétiques ou moins usés. Mais c'est toujours pour dire : ce qui était un hasard, je vais en tirer autre chose. Je vais en tirer une durée, une obstination, un engagement, une fidélité. Alors, fidélité, c'est un mot que j'emploie ici dans mon jargon philosophique en le retirant de son contexte habituel. Il signifie justement le passage d'une rencontre hasardeuse à une construction aussi solide que si elle avait été nécessaire.

À ce propos, il importe de citer le très bel ouvrage d'André Gorz, Lettre à D. Histoire d'un amour, *déclaration d'amour du philosophe à sa femme, Dorine, récit d'un amour qui, si je puis dire, a duré toujours et dont voici les premières lignes : « Tu vas avoir quatre-vingt-deux ans. Tu as rapetissé de six centimètres, tu ne pèses que quarante-cinq kilos et tu es toujours belle, gracieuse et désirable. Cela fait cinquante-huit ans que nous vivons ensemble et je t'aime plus que jamais. Je porte de nouveau au creux de ma poitrine un vide dévorant que seule comble la chaleur de ton corps contre le mien. » Quel sens donnez-vous à la fidélité ?*

La fidélité n'a-t-elle pas un sens beaucoup plus considérable que la seule promesse de ne pas coucher avec quelqu'un d'autre ? Ne montre-t-elle pas précisément que le « je t'aime » initial est un engagement qui n'a besoin d'aucune consécration particulière, l'engagement de construire une durée, afin que la rencontre soit délivrée de son hasard ? Mallarmé voyait le poème comme « le hasard vaincu mot par mot ». Dans l'amour, la fidélité désigne cette longue victoire : le hasard de la rencontre vaincu jour après jour dans l'invention d'une durée, dans la naissance d'un monde. Pourquoi dit-on si souvent : je t'aimerai toujours ? À condition, bien sûr, que ce ne soit pas une ruse. Les moralistes, évidemment, s'en sont beaucoup moqués, disant qu'en réalité ce n'est jamais vrai. D'abord, ce n'est pas vrai que ce n'est jamais vrai. Il y a des gens qui s'aiment toujours, et il y en a beaucoup plus qu'on ne le croit ou qu'on ne le dit. Et tout le monde sait que décider, surtout unilatéralement, la fin d'un amour est toujours un désastre, quelles que soient les excellentes raisons qu'on met en avant. Cela ne m'est arrivé qu'une fois dans mon existence, d'abandonner un amour. C'était mon premier amour, et j'ai été progressivement si conscient que cet abandon était une faute que je suis revenu vers cet amour inaugural, tard, bien tard – la mort de l'aimée approchait – mais avec une intensité et une nécessité incomparables. Ensuite, je n'ai jamais renoncé. Il y a eu des drames et des déchirements et des incertitudes, mais je n'ai plus jamais quitté un amour. Et je crois bien être assuré du point que celles que j'ai aimées, ce fut et c'est réellement pour toujours. Je sais donc intimement que la polémique sceptique est inexacte. Et deuxièmement, si le « je t'aime » est toujours, à beaucoup d'égards, l'annonce d'un « je t'aime pour toujours », c'est qu'en effet il fixe le hasard dans le registre de l'éternité. N'ayons pas peur des mots ! La fixation du hasard, c'est une annonce d'éternité. Et en un certain sens, tout amour se déclare éternel : c'est contenu dans la déclaration... Tout le problème, après, est d'inscrire cette éternité dans le temps. Parce que, au fond, c'est ça l'amour : une déclaration d'éternité qui doit se réaliser ou se déployer comme elle peut dans le temps. Une descente de l'éternité dans le temps. C'est pour cette raison que c'est un sentiment si intense. Vous comprenez, les sceptiques, ils nous font quand même bien rire, parce que, si l'on tentait de renoncer à l'amour, de ne plus y croire, ce serait un véritable désastre subjectif, et tout le monde le sait. La vie, il faut bien le dire, serait fortement décolorée ! Donc, l'amour reste une puissance. Une puissance subjective. Une des rares expériences où, à partir d'un hasard inscrit dans l'instant, vous tentez une proposition d'éternité. « Toujours » est le mot par lequel, en fait, on dit l'éternité. Parce qu'on ne peut pas savoir ce que veut dire ce « toujours » ni quelle est sa durée. « Toujours », ça veut dire « éternellement ». Simplement, c'est un engagement dans le temps, parce qu'il faut être Claudel pour croire que ça dure au-delà du temps, dans le monde fabuleux de l'après-mort. Mais que l'éternité puisse exister dans le temps même de la vie, c'est ce que l'amour, dont l'essence est la fidélité au sens que je donne à ce mot, vient prouver. Le bonheur, en somme ! Oui, le bonheur amoureux est la preuve que le temps peut accueillir l'éternité. Comme aussi en sont des preuves l'enthousiasme politique quand on participe à une action révolutionnaire, le plaisir que délivrent les œuvres d'art et la joie presque surnaturelle qu'on éprouve quand on comprend enfin, en profondeur, une théorie scientifique.

Posons que l'amour est l'avènement du Deux comme tel, la « scène du Deux ». Et l'enfant ? L'enfant ne vient-il pas altérer ou rompre cette « scène du Deux » ? N'est-il pas le « Un » qui rassemble le « Deux » des amoureux, mais également un Trois qui peut les prolonger mais aussi les séparer ?

C'est une question tout à fait profonde et intéressante. Un ami, Jérôme Bennaroch, qui est un Juif de l'étude, accepte ma thèse sur l'amour jusqu'à un certain point. Il me dit toujours : l'amour, oui, c'est l'épreuve du Deux, c'est sa déclaration, son éternité, mais il y a un moment où il doit faire sa preuve dans l'ordre de l'Un. C'est-à-dire qu'il doit revenir à l'Un. Et la figure à la fois symbolique et réelle de cet Un, c'est l'enfant. La destination véritable de l'amour, c'est quand même qu'il y ait l'enfant comme la preuve de l'Un. J'ai opposé à son objection beaucoup de constatations empiriques, en particulier qu'il fallait, dans ce cas, dénier le caractère amoureux aux couples stériles, homosexuels, etc. Puis, plus profondément, je lui ai dit : l'enfant fait partie en effet de l'espace de l'amour, en tant qu'il en est ce que j'appelle, dans mon jargon, un point.

Un point, c'est un moment particulier sur lequel un événement se resserre, où il doit en quelque sorte être rejoué, comme s'il revenait sous une forme déplacée, modifiée, mais vous obligeant à « redéclarer ». Un point, en somme, c'est quand les conséquences d'une construction de vérité, qu'elle soit politique, amoureuse, artistique ou scientifique, vous obligent soudain à refaire un choix radical, comme au tout début, quand vous avez accepté et déclaré l'événement. Il faut à nouveau dire « j'accepte ce hasard, je le désire, je l'assume ». Dans le cas de l'amour, il faut, et souvent de toute urgence, refaire sa déclaration. On pourrait dire : il faut (re)faire le point. Et je pense que l'enfant, le désir d'enfant, la naissance, c'est ça. Il fait partie du processus amoureux, c'est évident, sous la forme d'un point pour l'amour. On sait qu'il y a pour tout couple une épreuve autour de la naissance, à la fois un miracle et une difficulté. Autour de l'enfant, et précisément parce qu'il est un, il va falloir redéployer le Deux. Le Deux ne va plus pouvoir continuer à s'expérimenter dans le monde comme il le faisait avant qu'on soit confronté à ce point. Je ne nie pas du tout que l'amour soit séquentiel, autrement dit qu'il ne roule pas tout seul. Il y a des points, des épreuves, des tentations, des apparitions neuves et, à chaque fois, il faut rejouer la « scène du Deux », trouver les termes d'une nouvelle déclaration. Inauguralement déclaré, l'amour doit aussi être « re-déclaré ». Et c'est pourquoi l'amour est aussi à l'origine de crises existentielles violentes. Comme toute procédure de vérité. De ce point de vue, d'ailleurs, le voisinage est frappant entre la politique et l'amour.

V

Amour et politique

Pourquoi la politique est-elle une parente de l'amour ? Parce qu'il y a également des événements, des déclarations, des fidélités ?

La politique est à mes yeux une procédure de vérité, mais qui porte sur le collectif. C'est-à-dire que l'action politique fait vérité de ce dont le collectif est capable. Par exemple, est-elle capable d'égalité ? Est-elle capable d'intégrer ce qui lui est hétérogène ? De penser qu'il n'y a qu'un seul monde ? Des choses de cet ordre. L'essence de la politique est contenue dans la question : de quoi les individus sont-ils capables dès lors qu'ils se réunissent, s'organisent, pensent et décident ? Dans l'amour, il s'agit de savoir s'ils sont capables, à deux, d'assumer la différence et de la rendre créatrice. Dans la politique, il s'agit de savoir s'ils sont capables, en nombre, voire en foule, de créer de l'égalité. Et de même qu'à l'horizon de l'amour, pour en socialiser la gestion, il y a la famille, de même à l'horizon de la politique, pour en réprimer l'enthousiasme, il y a le pouvoir, l'État. Il y a entre la politique comme pensée-pratique collective et la question du pouvoir ou de l'État comme gestion et normalisation le même rapport difficile qu'entre la question de l'amour comme invention sauvage du Deux et la famille comme cellule de base de la propriété et de l'égoïsme.

La famille, au fond, pourrait être définie comme l'État de l'amour, en jouant sur le mot « état ». Vous expérimentez, par exemple dans la participation à un grand mouvement politique populaire, que, entre la question « de quoi le collectif est-il capable ? » et la question de l'autorité et du pouvoir d'État, il y a une tension très importante. Le résultat est que l'État est presque toujours en train de décevoir l'espoir politique. Vais-je soutenir ici que la famille est toujours en train de décevoir l'amour ? Vous voyez bien que la question se pose. Elle ne se traite, à mon sens, que point par point, décision par décision. Il y a le point de l'invention sexuelle, le point de l'enfant, le point des voyages, le point du travail, celui des amis, celui des sorties, celui des vacances, tout ce que vous voulez. Et maintenir tous ces points dans l'élément de la déclaration d'amour, ce n'est pas si simple. De même, en politique, il y a les points du pouvoir d'État, des frontières, des lois, de la police, et les maintenir à l'intérieur d'un point de vue politique ouvert, égalitaire, révolutionnaire n'est jamais facile.

Dans les deux cas, nous avons donc des procédures, point par point, et c'était cela, en fin de compte, que j'objectais à mon ami religieux. Ne pas confondre l'épreuve avec la finalité. La politique ne peut probablement pas se faire sans l'État, mais cela ne veut pas dire que le pouvoir soit son but. Son but est de savoir de quoi le collectif est capable, ce n'est pas le pouvoir. De la même manière, dans l'amour, le but est d'expérimenter le monde du point de la différence, point par point, ce n'est pas d'assurer la reproduction de l'espèce. Un moraliste sceptique verra dans la famille une justification de son pessimisme, la preuve de ce que, finalement, l'amour n'est jamais qu'une ruse de l'espèce pour se perpétuer, et une ruse de la société pour assurer l'hérédité des privilèges. Mais je ne le lui accorderai pas. Et je n'accorderai pas non plus à mon ami Benaroch qu'en définitive la création splendide de la puissance du Deux par l'amour est contrainte de s'incliner devant la majesté de l'Un.

Pourquoi, alors, ne pas envisager une « politique de l'amour », comme Jacques Derrida avait esquissé une « politique de l'amitié[1] » ?

Je ne pense pas qu'amour et politique puissent se confondre. « Politique de l'amour », à mon avis, est une expression vide de sens. Je pense que quand on commence à dire « Aimez-vous les uns les autres », ça peut faire une sorte de morale, mais ça ne fait pas une politique. D'abord, en politique, il y a des gens qu'on n'aime pas. C'est irréductible. On ne peut pas nous demander de les aimer.

Contrairement au registre de l'amour, la politique serait donc avant tout un affrontement entre ennemis ?

Voyez-vous, dans l'amour, la différence absolue qui existe entre deux individus, qui est tout de même une des plus grandes différences qu'on puisse se représenter, parce qu'elle est une différence infinie, eh bien, une rencontre, une déclaration et une fidélité peuvent la changer en une existence créa-

---

1. *Politique de l'amitié*, Jacques Derrida, Galilée, 2004. Voir également, *L'Amitié*, Giorgio Agamben, éditions Payot & Rivages, 2007 et, du même auteur, *L'Ombre de l'amour. Le concept d'amour chez Heidegger*, Payot & Rivages, 2003.

trice. En politique, rien de ce genre ne peut se produire en ce qui concerne les contradictions fondamentales, ce qui fait qu'il existe en effet des ennemis désignés. Une question très importante de la pensée politique, très difficile à aborder aujourd'hui – en partie à cause de l'élément démocratique dans lequel nous nous trouvons –, est celle des ennemis. C'est la question : est-ce qu'il y a des ennemis ? Mais vraiment des ennemis. Quelqu'un dont vous acceptez, morne et résigné, qu'il prenne régulièrement le pouvoir, uniquement parce que beaucoup de gens ont voté pour lui, ce n'est pas un ennemi véritable. C'est uniquement quelqu'un dont la présence au sommet de l'État vous chagrine, parce que vous auriez préféré son concurrent. Et vous allez attendre votre tour, pendant cinq ou dix ans, ou plus. Un ennemi, c'est autre chose ! C'est quelqu'un dont vous ne supportez aucunement qu'il décide quoi que ce soit vous concernant. Alors, un ennemi véritable, ça existe, ou pas ? Il faut commencer par là. En politique, c'est une question tout à fait importante, et qu'on a pris un peu trop l'habitude de négliger. Or la question de l'ennemi est tout à fait étrangère à la question de l'amour. Dans l'amour, vous rencontrez des obstacles, vous êtes guetté par des drames immanents, mais il n'y a pas d'ennemis à proprement parler. Vous me direz : et mon rival ? Celui que mon amant(e) préfère à moi ?

Eh bien, ça n'a rien à voir. En politique, la lutte contre l'ennemi est constitutive de l'action. L'ennemi fait partie de l'essence de la politique. Toute vraie politique identifie son vrai ennemi. Tandis que le rival est absolument extérieur, il n'entre aucunement dans la définition de l'amour. C'est un point capital de désaccord avec tous ceux qui pensent que la jalousie est constitutive de l'amour. Le plus génial d'entre eux est Proust, pour qui véritablement la jalousie est le vrai contenu, intense et diabolique, de la subjectivité amoureuse. À mon avis, ce n'est qu'une variante de la thèse moraliste et sceptique. La jalousie est un parasite artificiel de l'amour et n'entre aucunement dans sa définition. Est-ce que tout amour doit d'abord, pour se déclarer, pour commencer, identifier un rival extérieur ? Allons donc ! C'est l'inverse : les difficultés immanentes de l'amour, les contradictions internes à la scène du Deux peuvent cristalliser sur un tiers, rival réel ou supposé. Les difficultés de l'amour ne tiennent pas à l'existence d'un ennemi identifié. Elles sont internes à son processus : le jeu créateur de la différence. C'est l'égoïsme qui est l'ennemi de l'amour, non le rival. On pourrait dire : l'ennemi principal de mon amour, celui que je dois vaincre, ce n'est pas l'autre, c'est moi, le « moi » qui veut l'identité contre la différence, qui veut imposer son monde contre le monde filtré et reconstruit dans le prisme de la différence.

L'amour, cela peut être aussi la guerre...

Il faut rappeler que, comme beaucoup de procédures de vérité, la procédure amoureuse n'est pas toujours pacifique. Elle comporte des querelles violentes, des souffrances véritables, des séparations qu'on surmonte ou non. Elle est une des expériences les plus douloureuses de la vie subjective, il faut le reconnaître ! C'est pour cette raison que certains font leur propagande « assurance tous risques ». Je l'ai déjà dit, ça fait même des morts, l'amour. Il y a des meurtres amoureux, des suicides amoureux. À vrai dire, à son échelle, l'amour n'est pas tellement plus pacifique que la politique révolutionnaire. Une vérité n'est pas quelque chose qui se construit dans le rose bonbon. Jamais ! L'amour a aussi son propre régime de contradictions et de violences. Mais la différence, c'est qu'en politique on se heurte à la question des ennemis, véritablement, alors qu'en amour, c'est la question des drames. Celle des drames immanents, internes, qui ne définissent pas vraiment des ennemis mais font parfois entrer la pulsion d'identité en conflit avec la différence. Le drame amoureux est l'expérience la plus nette du conflit entre l'identité et la différence.

Est-il malgré tout possible de rapprocher amour et politique sans tomber dans le moralisme d'une politique de l'amour ?

Il y a deux notions politiques, ou philosophico-politiques, qu'on peut rapprocher de façon purement formelle des dialectiques présentes dans l'amour. D'abord, dans le mot « communisme », il y a cette idée que le collectif est capable d'intégrer toute différence extrapolitique. Que les gens soient ceci ou cela, venus d'ailleurs ou nés ici, parlant ou non telle ou telle langue, façonnés par telle ou telle culture, cela ne doit pas empêcher leur participation au processus politique de type communiste, pas plus que les identités ne sont par elles-mêmes des obstacles à la création amoureuse. Seule la différence proprement politique avec l'ennemi est, comme le disait Marx, « irréconciliable ». Et elle n'a aucun équivalent dans la procédure amoureuse. Et puis il y a le mot « fraternité ». « Fraternité » est le plus obscur des trois termes de la devise républicaine. La « liberté », on peut en discuter, mais on voit de quoi il s'agit. « Égalité », on peut en donner une définition assez stricte. Mais « Fraternité », qu'est-ce que c'est ? Cela touche sans doute à la question des différences, de leur coprésence amicale au sein du processus politique, avec comme limite essentielle le face-à-face avec l'ennemi. Et c'est une notion qui peut être recouverte par l'internationalisme, car, si le collectif est réellement capable d'assumer sa propre égalité, alors cela veut dire qu'il peut aussi intégrer les écarts différentiels les plus grands et contrôler sévèrement l'emprise de l'identité.

Au début de notre dialogue, vous avez parlé du christianisme comme « religion de l'amour ». Alors intéressons-nous aux avatars de l'amour dans les grandes idéologies. Comment le christianisme a-t-il su, selon vous, capter cette extraordinaire puissance de l'amour ?

Je pense que le christianisme fut très préparé, sur ce plan, par le judaïsme. La présence de l'amour dans l'Ancien Testament est considérable, tant dans les prescriptions que dans les descriptions. Quel qu'en puisse être le sens théologique, le chant d'amour qu'est *Le Cantique des cantiques* est une des célébrations de l'amour les plus puissantes qui ait jamais été écrite. Le christianisme, lui, est l'exemple suprême d'une utilisation de l'intensité amoureuse dans la direction d'une conception transcendante de l'universel. Le christianisme nous dit : si vous vous aimez les uns les autres, l'ensemble de cette communauté d'amour va s'orienter vers la source ultime de tout amour qui est la transcendance divine elle-même. Donc il y a l'idée que l'acceptation de l'épreuve de l'amour, de l'épreuve de l'autre, du regard porté vers l'autre contribue à cet amour suprême qui est à la fois l'amour que nous devons à Dieu et l'amour que Dieu nous porte. Et bien sûr, c'est un coup de génie ! Le christianisme a su capter au profit de son Église – son avatar étatique – cette puissance qui lui a permis, par exemple, d'obtenir l'acceptation de la souffrance au nom des intérêts suprêmes de la communauté et non pas simplement au nom de la survie personnelle. Le christianisme a parfaitement saisi que, dans l'apparente contingence de l'amour, il y a un élément qui n'est pas réductible à cette contingence. Mais, et c'est là le problème, il l'a aussitôt projeté dans la transcendance. Cet élément universel, que moi-même je reconnais dans l'amour, je le considère comme immanent. Mais le christianisme, en quelque manière, l'a surélevé et l'a recentré sur une puissance transcendante. Mouvement qui était en partie présent dans Platon déjà, à travers l'idée du Bien. C'est une première et géniale instrumentation de cette puissance de l'amour qu'il nous faut maintenant ramener sur terre. C'est-à-dire qu'il faut montrer que, en réalité, il y a bien une puissance universelle de l'amour, mais qui est tout simplement la possibilité pour nous de faire une expérience positive, affirmative et créatrice de la différence. L'Autre, sans doute, mais sans le « Tout-Autre », sans le « Grand Autre » de la transcendance. À la fin des fins, ce n'est pas de l'amour que parlent les religions. Car elles ne sont intéressées qu'à sa ressource d'intensité, à l'état subjectif que lui seul sait créer, et tout cela pour orienter cette intensité vers la foi et l'Église, pour disposer cet état subjectif en faveur de la souveraineté de Dieu. L'effet est d'ailleurs qu'à l'amour combattant dont je fais ici l'éloge, création terrestre de la naissance différenciée d'un monde, bonheur arraché point par point, le christianisme substitue un amour passif, dévot, courbé. Un amour agenouillé n'est pas pour moi un amour, même si parfois nous avons dans l'amour la passion de nous livrer à celle ou à celui que nous aimons.

Vous avez travaillé avec Antoine Vitez, notamment lorsqu'il œuvrait à sa fameuse mise en scène du Soulier de satin *de Paul Claudel. La pensée de l'amour de l'auteur de* Partage de midi, *toute pénétrée de christianisme, est-elle encore d'actualité pour des contemporains aujourd'hui assez largement déchristianisés ?*

Claudel est un grand homme de théâtre de l'amour. *Le Soulier de satin* et *Partage de midi* sont entièrement consacrés à cette question. Mais qu'est-ce qui peut bien nous intéresser, dans Claudel, alors que nous ne sommes pas directement motivés par la communion des saints, la réversibilité des mérites et le salut dans l'au-delà ? Je pense à cette phrase à la fin de *Partage de midi* : « Distants, encore que ne cessant de peser l'un sur l'autre, mènerons-nous nos âmes en travail ? » Claudel est particulièrement sensible à ceci que l'amour véritable franchit toujours un point d'impossibilité : « Distants, encore que ne cessant de peser l'un sur l'autre »... L'amour n'est pas à proprement parler une possibilité, mais plutôt le franchissement de quelque chose qui pouvait apparaître comme impossible. Quelque chose existe qui n'avait pas de raison d'être, qui ne vous était pas donné comme une possibilité. C'est aussi pour cette raison que la propagande de Meetic est fallacieuse. Elle fait comme si, pour la sécurité de votre amour, vous alliez examiner des possibilités et prendre la meilleure. Mais ça ne se passe pas comme ça dans l'existence ! Ce n'est pas comme dans les contes, avec le défilé des prétendants. C'est le franchissement d'une impossibilité qui est le commencement de l'amour, et Claudel est un grand poète de l'impossible, à travers le thème de la femme interdite. Chez lui, toutefois, les dés sont un peu pipés, du fait que cette impossibilité, parce qu'elle est terrestre, est relative. Il y a chez lui, si je puis dire, deux « scènes du deux » au lieu d'une. Une première qui est l'expérience de son impossibilité terrestre. Une deuxième où le Deux va se réconcilier dans l'univers de la foi. Il est intéressant de repérer les opérations poétiques par lesquelles, à partir de la puissance de la première scène, il alimente la deuxième, avec une langue magnifique. C'est tout le christianisme, ça. Faire sa propagande avec la puissance terrestre de l'amour, en disant : « Oui, certaines choses sont impossibles malgré cette puissance, mais ne vous inquiétez pas car ce qui est ici-bas impossible ne l'est pas nécessairement au-delà. » Une propagande très élémentaire mais très forte.

Cette volonté de faire venir l'amour sur terre, de passer de la transcendance à l'immanence, était celle du communisme historique. En quoi la réactivation de l'hypothèse communiste sera-t-elle une façon de réinventer l'amour ?

J'ai dit plus haut ce que je pensais de ces usages politiques du mot amour, et qu'ils sont aussi dévoyés que les usages religieux. Il est du reste remarquable que là aussi on aboutisse à une captation de la puissance de l'amour par une transcendance. Ce n'est plus celle de Dieu, mais celle du Parti, et à travers le Parti, de son dirigeant suprême. L'expression « culte de la personnalité » nomme assez bien ce genre de transfert collectif sur une figure politique. Les poètes s'y sont mis eux aussi, voyez les cantiques d'Eluard à Staline, les chants d'Aragon sur le retour de Maurice Thorez en France après sa maladie... Ce qui m'intéresse plus encore, c'est le culte du Parti comme tel. Là encore, Aragon est symptomatique : « Mon Parti m'a rendu les couleurs de la France », etc. On reconnaît bien la tonalité de l'amour. Destinés au Parti ou à Elsa Triolet, les mots sont très voisins. Il est vraiment intéressant de voir la forme parti, dont on pourrait penser qu'elle n'est qu'un instrument transitoire de l'émancipation ouvrière et populaire, devenir ainsi un fétiche. Je ne veux pas me moquer de tout cela, ce fut une époque de passion politique que nous ne pouvons plus continuer, dont nous devons assumer la critique, mais qui fut intense et dont les acteurs fidèles se comptèrent par millions. Ce que cependant nous devons dire ici, quand notre sujet est l'amour, c'est qu'il ne faut pas le mêler à la passion politique. Le problème politique est celui du contrôle de la haine, et non celui de l'amour. Et la haine est une passion que déclenche presque inévitablement la question de l'ennemi. Nous dirons donc : en politique, où il existe des ennemis, un des rôles de l'organisation, quelle qu'elle soit, est de contrôler, voire d'annuler, tout effet de haine. Ce qui ne veut aucunement dire « prêcher l'amour », mais, et c'est un problème intellectuel majeur, donner de l'ennemi politique la définition la plus précise et la plus restreinte possible. Et non, comme cela fut le cas dans presque tout le siècle précédent, la définition la plus vague et la plus étendue possible.

Il convient de séparer l'amour de la politique ?

Une bonne partie du travail contemporain de la pensée est de séparer ce qui fut indûment mêlé. De même que la définition de l'ennemi doit être contrôlée, limitée, ramenée à son minimum, de même l'amour, comme aventure singulière d'une vérité de la différence, doit être rigoureusement séparé de la politique. Quand je parle de l'hypothèse communiste, je veux seulement dire ceci : les formes à venir de la politique d'émancipation devront s'inscrire dans une résurrection, une relève, de l'idée communiste, l'idée d'un monde qui n'est pas livré aux appétits de la propriété privée, d'un monde de l'association libre et de l'égalité. Nous avons pour dire tout cela de nouveaux outils philosophiques et pas mal d'expériences politiques localisées, dont la pensée est neuve. Dans ce cadre, l'amour sera plus à l'aise pour sa réinvention que dans celui de la fureur capitaliste. Parce qu'il est certain que rien de ce qui est désintéressé n'est à l'aise dans cette fureur. Or l'amour, comme toute procédure de vérité, est essentiellement désintéressé : sa valeur ne réside qu'en lui-même, et cette valeur est au-delà des intérêts immédiats des deux individus qui y sont engagés. Ce qui est contenu dans le mot « communisme » n'a pas de rapport immédiat avec l'amour. Cependant, ce mot porte aussi pour l'amour de nouvelles conditions de possibilité.

Il y a une autre dimension possible des avatars de l'amour dans la politique communiste. Ce sont les histoires d'amour qui se construisent sur fond de grèves ou d'autres mouvements sociaux. Vous insistez souvent sur cette dimension, puisqu'elle permet à la transgression de l'amour de s'arrimer à la transgression politique du moment. Quelle est la spécificité de ces amours de combats ?

Je suis d'autant plus sensible à cet aspect des choses que j'y ai consacré une bonne part de mon activité de romancier ou de dramaturge. C'est ainsi que dans ma pièce *L'Écharpe rouge* l'histoire est largement celle des amours distantes d'un frère et d'une sœur dans tous les avatars d'un vaste mouvement politique, qui comporte des guerres populaires, des grèves, des meetings... Dans mon roman *Calme bloc ici-bas* – dont la trame formelle est celle des *Misérables* de Hugo –, la fresque révolutionnaire enveloppe l'amour d'un ouvrier chiite, Ahmed Aazami, pour une terroriste, Élisabeth Cathely, puis celui du fils d'Élisabeth, Simon, adopté après la mort de la terroriste par Ahmed, pour Claude Ogasawara, poète et fille d'un notable réactionnaire. Dans tous les cas, il s'agit de mettre en évidence, non pas du tout la similitude entre l'amour et l'engagement révolutionnaire, mais une sorte de résonance secrète, qui se fait, au niveau le plus intime des sujets, entre l'intensité que la vie acquiert quand elle est de part en part engagement sous le signe de l'Idée et l'intensité qualitativement différente que lui confère le travail de la différence dans l'amour. C'est comme deux instruments de musique complètement distincts par leur timbre et leur force, mais qui, convoqués par un grand musicien dans le même morceau, convergent mystérieusement. Permettez-moi ici une confidence mesurée. J'ai certainement inscrit dans ces œuvres un bilan essentiel de ma vie dans les « années rouges », entre Mai 68 et les années quatre-vingt. J'ai forgé là la conviction politique à laquelle je suis demeuré implacablement fidèle, et dont « communisme » n'est qu'un des noms possibles. Mais j'y ai aussi structuré ma vie à venir autour de processus amoureux en quelque sorte définitifs. Ce qui vint plus tard, dans le même ordre, fut éclairé par cette origine et par la durée de cette origine. En particulier, je l'ai déjà dit, la conviction, aussi bien amoureuse que politique, qu'il ne faut jamais renoncer. Ce fut donc bien le moment où, entre politique et amour, ma vie a trouvé l'accord musical qui en assurait l'harmonie.

VI

Amour et art

Dans Le Siècle, *vous commentez un texte d'André Breton,* Arcane 17, *à travers lequel vous montrez que le XX*[e] *siècle a été une grande époque de la promotion de l'amour comme figure de vérité. Mais que veut dire André Breton lorsque, dans* Poisson soluble, *il souhaite réduire « l'art à sa plus simple expression, qui est l'amour*[1] *» ?*

La proposition surréaliste centrale a été celle dont nous parlions au tout début, c'est-à-dire, selon le mot d'ordre de Rimbaud, de réinventer l'amour. Et cette réinvention était indissolublement, pour les surréalistes, un geste artistique, un geste existentiel et un geste politique. Ils ne faisaient pas de séparation entre les trois. Il y a un point très puissant dans

---

1. Voir également *Si vous aimez l'amour... Anthologie amoureuse du surréalisme* réunie par Vincent Gille, préface d'Annie Le Brun, Syllepse, 2001.

l'art, c'est qu'il rend justice à l'événement. C'est même une de ses définitions possibles : l'art est ce qui, dans l'ordre de la pensée, rend complètement justice à l'événement. En politique, les événements sont catalogués par l'histoire après coup. Mais seul l'art restitue ou tente de restituer complètement leur puissance intensive. Seul l'art restitue la dimension sensible de ce que sont une rencontre, un soulèvement, une émeute. L'art, sous toutes ses formes, est la grande pensée de l'événement comme tel. Une grande peinture, c'est la saisie, par des moyens qui lui sont propres, de quelque chose qui n'est pas réductible à ce qui est montré. L'événement latent vient, si l'on peut dire, trouer ce qui est montré. Breton rappelle que, de ce point de vue, le lien est très intime avec l'amour, puisque celui-ci, au fond, est le moment où un événement vient trouer l'existence. C'est ce qui explique « l'amour fou ». Parce que l'amour est irréductible à toute loi. Il n'y a pas de loi de l'amour. Très souvent, l'art a représenté, d'ailleurs, le caractère asocial de l'amour. Comme le dit la maxime populaire, après tout, « les amoureux sont seuls au monde ». Ils sont seuls dépositaires de la différence à partir de laquelle ils expérimentent le monde. Le surréalisme exalte l'amour fou comme puissance événementielle hors la loi. La pensée de l'amour, c'est là aussi cette pensée qui se fait contre tout ordre, contre la puissance d'ordre de la loi. Les surréalistes trouvaient là de quoi alimenter leur volonté d'une révolution poétique dans la langue mais aussi, j'insiste, dans l'existence. Ils se sont beaucoup intéressés, de ce point de vue-là, à l'amour, à la sexualité, comme principe, comme support possible d'une révolution dans l'existence. En revanche, ils ne se sont pas beaucoup intéressés à la durée. Ils ont surtout proposé l'amour comme poème de la rencontre de façon magnifique. Par exemple dans *Nadja*, qui illustre de manière splendide la poétique de la rencontre incertaine et mystérieuse, de ce qui, au détour de la rue, va être un amour fou. On est vraiment là à l'opposé des calculs, dans la rencontre pure. Mais pas vraiment dans le registre de la durée, pas dans la dimension d'éternité. Certains philosophes, pourtant, ont soutenu que l'éternité, c'était l'instant. On trouve cette idée dans la pensée grecque, déjà. La seule dimension temporelle de l'éternité serait l'instant. Ce qui donnerait raison à Breton. Bien sûr, l'instant de la rencontre miraculeuse promet l'éternité de l'amour. Mais j'essaie de proposer une conception de l'éternité moins miraculeuse et plus laborieuse, c'est-à-dire une construction de l'éternité temporelle, de l'expérience du Deux, tenace, point par point. J'admets le miracle de la rencontre, mais je pense qu'il relève de la poétique surréaliste si on l'isole, si on ne l'oriente pas vers le laborieux devenir d'une vérité construite point par point. « Laborieux », ici, doit être pris positivement. Il y a un travail de l'amour, et non pas seulement un miracle. Il faut être sur la brèche, il faut prendre garde, il faut se réunir, avec soi-même et avec l'autre. Il faut penser, agir, transformer. Et alors, oui, comme la récompense immanente du labeur, il y a le bonheur.

Il est alors étrange que, à propos de l'amour, vous vous référiez si souvent à Samuel Beckett. On ne peut en effet vraiment pas dire que l'œuvre de Beckett soit orientée vers le bonheur. En quoi cette œuvre, réputée nihiliste et pessimiste, travaille-t-elle, selon vous, cette « scène du Deux » qu'est l'amour ?

Comme je vous l'ai dit, il y a relativement peu de chose concernant l'épreuve de la durée dans la littérature sur l'amour. C'est très frappant. Prenons le théâtre. Si vous regardez les pièces qui montrent les démêlés de jeunes amoureux contre le despotisme de l'univers familial – un sujet absolument classique –, on pourrait toutes les sous-titrer d'un titre de Marivaux : *Le Triomphe de l'amour.* Sur ce modèle, beaucoup de pièces racontent comment ces jeunes gens, souvent avec l'aide des valets ou d'autres complices du coin, vont rouler les vieux dans la farine et finalement parvenir à leurs fins, à savoir leur mariage. On a le triomphe de l'amour, mais pas sa durée. On a juste ce qu'on pourrait appeler l'intrigue de la rencontre. Les œuvres importantes, les grands romans sont souvent bâtis sur l'impossible de l'amour, son épreuve, sa tragédie, son écart, sa séparation, sa fin, etc. Mais sur la durée positive, il n'y a pas grand-chose. On peut même observer que la conjugalité n'a pratiquement pas suscité de grandes œuvres. C'est un fait qu'elle n'a pas beaucoup inspiré les artistes. Or, précisément, il y a chez Beckett, dont on dit qu'il est un écrivain du désespoir, de l'impossible, quelque chose de très particulier à ce sujet : il est aussi un écrivain de l'obstination de l'amour. Prenez par exemple la pièce *Ô les beaux jours*, qui est l'histoire d'un vieux couple. On ne voit que la femme, l'homme est en train de ramper derrière la scène, tout est délabré, elle est en train de s'enfoncer dans le sol, mais elle dit : « Quels beaux jours ça a été. » Et elle le dit parce que l'amour est toujours là. L'amour est cet élément puissant et invariant qui a structuré son existence en apparence catastrophique. Et l'amour est la puissance cachée de cette catastrophe. Dans un petit texte splendide qui s'appelle *Assez*, Beckett raconte l'errance dans une sorte de décor un peu montagnard et désertique à la fois d'un très vieux couple. Et le récit est celui de l'amour, de la durée de ce vieux couple, qui pourtant ne cache rien du désastre des corps, de la monotonie de l'existence, de la difficulté grandissante de la sexualité, etc. Le texte raconte tout cela, mais il place le récit sous le régime de la puissance finalement splendide de l'amour et de l'obstination à durer qui le constitue.

Puisque vous parlez d'art dramatique, je souhaiterais aborder cet amour très singulier qui ne vous a pas quitté depuis votre enfance : l'amour du théâtre. Avant d'écrire la trilogie des Ahmed, *qui mettent en scène une sorte de Scapin contemporain, vous aviez vous-même joué le rôle titre des* Fourberies de Scapin *dans votre jeunesse. Quelle est la nature de cet amour indéfectible que vous avez pour le théâtre ?*

L'amour du théâtre est chez moi un amour très compliqué et tout à fait originaire. Il est probablement plus puissant que l'amour de la philosophie. L'amour de la philosophie, cela vient plus tard, plus lentement et plus difficilement. Je crois que ce qui m'a fasciné dans le théâtre, quand j'étais jeune et que je suis monté sur scène, c'est le sentiment immédiat que quelque chose de la langue et du poème est, de façon presque inexplicable, lié au corps. Au fond, le théâtre était peut-être déjà pour moi une figure de ce que serait l'amour plus tard, parce qu'il était ce moment où la pensée et le corps sont en quelque manière indiscernables. Ils sont exposés à l'autre de façon telle que vous ne pouvez pas dire : « Ceci est un corps » ou « Ceci est une idée ». Il y a un mélange des deux, une saisie du corps par la langue, exactement comme quand on dit à quelqu'un « je t'aime » : on le dit à lui, vivant, devant vous, mais on s'adresse aussi à quelque chose qui n'est pas réductible à cette simple présence matérielle, quelque chose qui est au-delà d'elle et en elle, en même temps, absolument. Or le théâtre, c'est ça, de façon originaire, c'est la pensée en corps, la pensée-en-corps. La pensée encore, pourrais-je ajouter dans un autre sens. Parce qu'au théâtre il y a, nous le savons, les répétitions. « Reprenons une fois encore », dit le metteur en scène. La pensée ne vient pas au corps facilement. C'est compliqué, le rapport d'une pensée à l'espace et aux gestes. Il faut que ce soit à la fois immédiat et calculé. C'est aussi ce qui se passe dans l'amour. Le désir est une puissance immédiate, mais l'amour demande en outre du soin, des reprises. L'amour connaît le régime des répétitions. « Dis-moi encore que tu m'aimes », et très souvent : « Dis-le-moi mieux. » Et le désir toujours recommence. Sous la caresse on peut entendre, si elle est hantée par l'amour, « Encore ! Encore ! », point où l'exigence du geste se soutient d'une insistance de la parole, d'une toujours nouvelle *déclaration*. On sait bien qu'au théâtre la question du jeu amoureux est décisive, et que tout est affaire, justement, de déclaration. C'est aussi parce qu'il y a ce théâtre de l'amour, ce jeu de l'amour et du hasard, qu'est si puissant, au moins pour moi, l'amour du théâtre.

C'est d'ailleurs la position défendue par le dramaturge Antoine Vitez, qui a notamment mis en scène votre opéra, L'Écharpe rouge, *en 1984, au Festival d'Avignon, sur une musique de Georges Aperghis. « C'est toujours cela que j'ai voulu donner sur scène : faire voir la force violente des idées, comment elles ploient et tourmentent les corps », écrivait-il. Reprenez-vous ce programme à votre compte ?*

Absolument. Vous savez, quelque part, le poète portugais Pessoa dit : « L'amour est une pensée. » C'est un énoncé très paradoxal, en apparence, parce qu'on a toujours dit que l'amour, c'est le corps, c'est le désir, c'est l'affect, c'est tout ce qui n'est pas précisément la raison et la pensée. Et lui dit : « L'amour est une pensée. » Je crois qu'il a raison, je pense que l'amour est une pensée et que la relation entre cette pensée et le corps est tout à fait singulière, et toujours marquée, comme le disait Antoine Vitez, d'une inéluctable violence. Nous expérimentons cette violence dans la vie. Il est très vrai que l'amour peut plier notre corps, induire des tourments immenses. L'amour, on le voit tous les jours, n'est pas un long fleuve tranquille. On ne peut oublier le nombre, après tout effrayant, des amours qui conduisent au suicide ou au meurtre. Au théâtre, l'amour, ce n'est pas seulement, ni principalement, le vaudeville du sexe, ou la galanterie innocente. C'est aussi la tragédie, le renoncement, la fureur. La relation entre le théâtre et l'amour, c'est aussi l'exploration de l'abîme qui sépare les sujets, et la description de la fragilité de ce pont que l'amour jette entre deux solitudes. Il faut toujours y revenir : qu'est-ce qu'une pensée qui s'expose comme allant et venant entre deux corps sexués ? Il faut quand même bien dire, et c'est ce qui légitime votre précédente question, que, s'il n'y avait pas l'amour, on se demande de quoi le théâtre aurait parlé. Il aurait parlé, il a parlé abondamment, de la politique. Alors disons que le théâtre, c'est la politique et l'amour, et plus généralement, le croisement des deux. C'est d'ailleurs une définition possible de la tragédie que de dire qu'elle croise la politique et l'amour. Mais l'amour du théâtre, c'est forcément aussi l'amour de l'amour, parce que, sans les histoires d'amour, sans la lutte de la liberté amoureuse contre le contrat familial, le théâtre, ce n'est pas grand-chose. Les comédies antiques tout comme celles de Molière nous racontent, de manière essentielle, comment des jeunes gens qui se sont rencontrés par hasard doivent déjouer l'intrigue du mariage arrangé par les parents. Le conflit théâtral le plus courant, le plus exploité, c'est la lutte de l'amour hasardeux contre la loi nécessaire. Plus finement, c'est la lutte des jeunes, aidés par les prolétaires (esclaves et valets), contre les vieux, aidés par l'Église et l'État. Alors, vous me direz : « La liberté a gagné, il n'y a plus de mariage arrangé, le couple est une création pure. » Mais ça, ce n'est pas tellement sûr. La liberté, quelle liberté exactement ? À quel prix ? Oui, c'est une vraie question : quel prix a payé l'amour pour l'apparent triomphe de sa liberté ?

Est-ce qu'il n'y a pas, dans votre amour du théâtre – parce qu'il faut rappeler que vous avez vécu la vie de troupe, au milieu de comédiens et de techniciens –, l'amour d'une communauté, d'un collectif, d'un ensemble ? Le théâtre n'est-il pas porteur d'un amour qui relèverait de l'ordre de la fraternité ?

Oui, il y a cet amour, bien sûr ! Le théâtre, c'est le collectif, c'est la forme esthétique de la fraternité. C'est pour ça que je soutiendrai qu'il y a quelque chose de communiste dans tout théâtre, en ce sens-là. J'entends ici par « communiste » tout devenir qui fait prévaloir l'en-commun sur l'égoïsme, l'œuvre collective sur l'intérêt privé. Soit dit en passant, l'amour est communiste en ce sens, si l'on admet, comme moi, que le vrai sujet d'un amour est le devenir du couple et non la satisfaction des individus qui le composent. Encore une définition possible de l'amour : le communisme minimum ! Pour revenir au théâtre, ce qui me frappe, c'est à quel point la communauté d'une tournée théâtrale est précaire. Je pense à ces moments tout à fait singuliers, déchirants, où la communauté se défait : on a fait une tournée, on a vécu ensemble pendant un mois et puis, à un moment donné, on se sépare. Le théâtre, c'est également cette épreuve de la séparation. Il y a une grande mélancolie de ces moments où la fraternité dans l'acte de jouer et ses entours se défait. « Voici mon numéro de portable. On s'appelle sans faute, hein ? » : vous connaissez ce rite. Mais on ne s'appellera pas, ou pas vraiment. C'est la fin, on se sépare. Or la question de la séparation est si importante dans l'amour qu'on peut presque définir l'amour comme une lutte réussie contre la séparation. La communauté amoureuse est elle aussi précaire, et pour la maintenir et la déployer, il faut aussi bien plus qu'un numéro de téléphone.

Et qu'est-ce que l'amour du théâtre, de l'intérieur, c'est-à-dire du point de vue de l'acteur que vous avez été *et que vous souhaitez peut-être redevenir en reprenant sur scène quelques monologues tirés d'*Ahmed le subtil *ou d'*Ahmed philosophe *?*

C'est l'amour singulier d'exposer son propre corps en proie à la langue, en proie à l'idée. Vous savez, tout philosophe est un comédien, quelle que soit son hostilité au jeu et au semblant. Puisque, depuis nos grands ancêtres grecs, nous parlons en public. Il y a donc toujours une part d'exposition de soi-même dans la philosophie, qui fait que la dimension orale de la philosophie – c'est un point de controverse que j'avais avec Jacques Derrida, qui luttait contre l'oralité au nom de l'écrit, bien qu'il fît lui-même de magnifiques démonstrations de comédien – est une saisie par le corps, une opération de transfert. On a beaucoup reproché au philosophe d'être un illusionniste, qui capte les gens par des moyens artificieux et les amène à des vérités improbables par les chemins de la séduction. Dans le livre V de *La République* de Platon (ce livre gigantesque, dont je vais proposer prochainement une « traduction » intégrale très particulière), il y a un passage étonnant. Socrate entreprend de définir ce que c'est qu'un vrai philosophe. Et très brusquement, il semble changer de sujet. Voici ma version de ce passage (Socrate a la parole) :

« — Faut-il que je vous rappelle ce dont la réminiscence devrait être extrêmement vive en vous ? Quand nous parlons d'un objet d'amour, nous posons que l'amant aime cet objet en totalité. Nous n'admettons pas que son amour en sélectionne une partie et en rejette une autre.

Les deux jeunes semblent stupéfaits. C'est Amantha qui prend sur elle d'exprimer leur désorientation :

— Cher Socrate ! Quel rapport entre cette excursion du côté de l'amour et la définition du philosophe ?

— Ah, les voilà bien, nos jeunes amoureuses ! Incapables de reconnaître que, comme l'a dit le grand poète portugais, Fernando Pessoa, « l'amour est une pensée ». Je vous le dis, jeunes gens : qui ne commence pas par l'amour ne saura jamais ce que c'est que la philosophie. »

Eh oui ! Nous devons suivre notre vieux maître. Il faut commencer par l'amour. Nous, philosophes, nous n'avons pas tellement de moyens ; si on nous retire ceux de la séduction, nous serons vraiment désarmés. Et donc, être comédien, c'est aussi ça ! C'est aussi séduire au nom de quelque chose qui, finalement, est une vérité.

Pour conclure

Je voudrais revenir à cet amour à réinventer et à défendre. Dans De quoi Sarkozy est-il le nom ? *vous soutenez que la réinvention de l'amour est un des points possibles de résistance à l'obscénité marchande et à l'actuelle débandade politique de la gauche. Comment l'amour pourrait-il constituer une quelconque résistance au monde dont le président français est selon vous l'emblème ?*

Je crois qu'il est très important de comprendre que la France est simultanément le pays des révolutions et une grande terre de la réaction. C'est un élément dialectique de compréhension de la France. J'en discute souvent avec mes amis étrangers, parce qu'ils continuent à entretenir la mythologie d'une merveilleuse France toujours sur la brèche des inventions révolutionnaires. Alors, ils ont forcément été un peu surpris par l'élection de Sarkozy, qui ne s'inscrit pas tout à fait dans ce registre... Je leur réponds qu'ils font une histoire de France dans laquelle se succèdent les philosophes des Lumières, Rousseau, la Révolution française, Juin 48, la Commune de Paris, le Front populaire, la Résistance, la Libération et Mai 68. Fort bien. Le problème, c'est qu'il y en a une autre : la Restauration de 1815, les Versaillais, l'Union sacrée pendant la guerre de 14, Pétain, les horribles guerres coloniales... et Sarkozy. Il y a donc deux histoires de France, emmêlées l'une à l'autre. Là où, en effet, les grandioses hystéries révolutionnaires se donnent libre cours, les réactions obsessionnelles leur répondent. De ce point de vue, je pense que l'amour est aussi en jeu. D'ailleurs, il a toujours été très lié aux événements historiques. Le Romantisme amoureux est lié aux révolutions du XIXe siècle. André Breton, c'est aussi le Front populaire, la Résistance, le combat antifasciste. Mai 68 a été une grande explosion de tentatives de nouvelles conceptions de la sexualité et de l'amour. Mais lorsque le contexte est dépressif et réactionnaire, ce qu'on tente de mettre à l'ordre du jour, c'est l'identité. Cela peut prendre différentes formes, mais c'est toujours l'identité. Et Sarkozy ne s'en est pas privé. Cible numéro un : les ouvriers de provenance étrangère. Instrument : des législations féroces et répressives. Il s'était déjà exercé là-dedans quand il était ministre de l'Intérieur. Le discours en vigueur mêle identité française et identité occidentale. Il n'hésite pas à faire un numéro colonial sur l'« homme africain ». La proposition réactionnaire est toujours de défendre « nos valeurs » et de nous couler dans le moule général du capitalisme mondialisé comme seule identité possible. La thématique de la réaction est toujours une thématique identitaire brutale sous une forme ou sous une autre. Or, quand c'est la logique d'identité qui l'emporte, par définition, l'amour est menacé. On va mettre en cause son attrait pour la différence, sa dimension asociale, son côté sauvage, éventuellement violent. On va faire de la propagande pour un « amour » en toute sécurité, en parfaite cohérence avec les autres démarches sécuritaires. Donc défendre l'amour dans ce qu'il a de transgressif et d'hétérogène à la loi est bien une tâche du moment. Dans l'amour, minimalement, on fait confiance à la différence au lieu de la soupçonner. Et dans la Réaction, on soupçonne toujours la différence au nom de l'identité ; c'est sa maxime philosophique générale. Si nous voulons, au contraire, ouvrir à la différence et à ce qu'elle implique, c'est-à-dire que le collectif soit capable d'être celui du monde entier, un des points d'expérience individuelle praticables est la défense de l'amour. Au culte identitaire de la répétition il faut opposer l'amour de ce qui diffère, est unique, ne répète rien, est erratique et étranger. J'écrivais en

1982 dans *Théorie du sujet* : « Aimez ce que jamais vous ne verrez deux fois. »

C'est d'ailleurs en ce sens que Éloge de l'amour, *le fim de Jean-Luc Godard, œuvre cinématographique en forme de cantate qui a inspiré le titre de notre dialogue, établit un rapprochement, une correspondance entre amour et Résistance...*

Bien entendu ! Godard a toujours inscrit dans ses films, moment historique après moment, ce qu'il estimait être les points de résistance, les points de création aussi, et plus généralement tout ce qui méritait à ses yeux d'entrer dans la composition d'une image. Sur l'amour, essentiel pour lui, il me semble qu'il le distribue entre une conception forte et puritaine à la fois de la sexualité, et une tension proprement amoureuse dont les femmes principalement sont dépositaires, au point que les rejoindre, ou en accepter l'autorité sur ce point, est pour tout homme une épreuve. Je viens de travailler avec lui sur son prochain film, où je ferai peut-être, dans le rôle du philosophe-conférencier d'une croisière en bateau de luxe, un passage, ou peut-être pas, car qui sait ce que cet artiste va faire à la fin de tout ce qui fut tourné ? J'ai admiré de près son exactitude, son exigence, unique. Et c'est presque toujours de l'amour qu'il s'agit. Cependant, la différence que je verrai entre lui et moi sur la connexion entre l'amour et résistance, c'est la mélancolie qui chez Godard est la couleur de toute chose. Je suis incurablement éloigné, y compris s'agissant de l'amour, de ce coloris subjectif.

La fascination pour les people, *ces nouvelles divinités d'un Olympe télévisé, relève-t-elle selon vous uniquement du leurre politique ou témoigne-t-elle d'un attrait pour les histoires d'amour qui relève d'un savoir populaire de l'intensité amoureuse ?*

Ce phénomène peut être lu de deux manières différentes. Dans une grille politique, vous allez rapidement conclure qu'il s'agit d'une imposture. On amuse les gens, on les fascine avec ces histoires et cela les détourne absolument du fond de l'affaire. En politique, quel intérêt peut bien avoir le fait que Carla succède à Cécilia ? Évidemment aucun. Mais vous pouvez aussi tenter de lire autrement la publicité faite à ces épisodes en vous demandant : pourquoi ça marche ? C'est parce qu'il y a un intérêt générique pour les histoires d'amour. On a toujours vu que les amours des gens d'en haut étaient mises en scène à destination des gens d'en bas. Et pourquoi ? À cette question aussi la réponse est double.

On peut alléguer directement l'universalité de l'amour. Même Sarkozy peut souffrir, attendre désespérément un texto qui ne vient pas. L'ennemi politique, si on change d'échelle de mesure, si on passe des vérités politiques aux vérités amoureuses, finit quand même par vous ressembler, ce qui n'est pas glorieux, mais reposant. Qu'un roi puisse souffrir d'amour le fait en un certain sens communiquer avec le manant. À cette échelle, le manant est aussi roi. C'est le côté romance de la chose, l'amour toujours et partout. Mais, et c'est la deuxième lecture, cette communauté apparente dans la passion démontre aussi qu'ils n'ont rien de si extraordinaire que ça, le roi, le président, le Führer, le Père des peuples. Ils peuvent être cocus, eux aussi. Et donc il n'y a pas de raison essentielle ni de les vénérer ni d'en avoir peur. Par où nous retrouvons la politique, ou du moins son substrat subjectif élémentaire.

En politique, comme nous l'avons dit, il y a des ennemis. Donc, on ne va pas se soucier de leurs souffrances d'amour. Ils ne vont pas, si vous me passez l'expression, nous la faire ! Si on est lucide politiquement, on dira que le fait que Sarkozy ait été ou non trompé par sa femme n'est pas, franchement, notre problème. Mais dans un autre registre, celui d'un savoir diffus concernant les vertus de l'amour, un registre qui a d'ailleurs été cimenté par le christianisme, il faut bien reconnaître que l'on s'intéresse à la visibilité de l'amour. Et, finalement, cette visibilité fait partie du champ sans bornes où se façonne, avec des matériaux impurs, le courage politique, lequel part toujours de ceci que les ennemis n'ont aucune signification surnaturelle, ni aucune force transcendante. Je songe – pour ne pas nous cantonner aux médiocrités sarkoziennes – à un exemple d'amour intense, sublime, de notre histoire : celui qui, du temps de la Fronde, a lié la régente Anne d'Autriche à ce politique génial, corrompu et retors qu'était Mazarin. Du point de vue des émeutiers, cet amour a été indissolublement un terrible obstacle (jamais la régente ne lâchera son homme) et un aliment essentiel de la polémique populaire, qui représentait Mazarin en cochon pervers. On ne saurait mieux dire qu'entre la politique et l'amour n'existent que des rapports ambigus, une sorte de séparation poreuse, ou de passage interdit, dont il faut rien de moins que les ressources du théâtre pour rendre raison. Comédie ? Tragédie ? Les deux. Aimer, c'est être aux prises, au-delà de toute solitude, avec tout ce qui du monde peut animer l'existence. Ce monde, j'y vois, directement, la source du bonheur qu'être avec l'autre me dispense. « Je t'aime » devient : il y a dans le monde la source que tu es pour mon existence. Dans l'eau de cette source, je vois notre joie, la tienne d'abord. Je vois, comme dans le poème de Mallarmé :

Dans l'onde toi devenu(e)
Ta jubilation nue.

ŒUVRES CITÉES

AGAMBEN Giorgio, *L'Amitié*, Payot & Rivages, 2007.

AGAMBEN Giorgio, *L'Ombre de l'amour. Le concept d'amour chez Heidegger*, Payot & Rivages, 2003.

BADIOU Alain, *L'Écharpe rouge*, La Découverte, 1979.

BADIOU Alain, *Théorie du sujet*, Seuil, 1982.

BADIOU Alain, *Manifeste pour la philosophie*, Seuil, 1989.

BADIOU Alain, *Conditions*, Seuil, 1992.

BADIOU Alain, *Ahmed le subtil. Farce*, Actes Sud, 1994.

BADIOU Alain, *Ahmed philosophe* suivi de *Ahmed se fâche. Théâtre*, Actes Sud, 1995.

BADIOU Alain, *Calme bloc ici-bas*, POL, 1997.

BADIOU Alain, *Le Siècle*, Seuil, 2005.

BADIOU Alain, *De quoi Sarkozy est-il le nom ?* (*Circonstances*, vol. 4), Lignes, 2007.

BAUMAN Zygmunt, *L'Amour liquide. De la fragilité des liens entre les hommes*, Le Rouergue/Chambon, 2004.

BEAUVOIR Simone de, *Le Deuxième Sexe*, 1949.

BECKETT Samuel, *Ô les beaux jours*, Minuit, 1963.

BECKETT Samuel, *Assez*, Minuit, 1966.

BRETON André, *Poisson soluble*, 1924.

BRETON André, *Arcane 17*, 1944.

CLAUDEL Paul, *Le Partage de midi*, 1906.

CLAUDEL Paul, *Le Soulier de satin*, 1929.

DERRIDA Jacques, *Politique de l'amitié*, Galilée, 2004.

FRAISSE Geneviève, in (coll.), *L'Exercice du savoir et la différence des sexes*, L'Harmattan, 2001.

GILLE Vincent (dir.), *Si vous aimez l'amour... Anthologie amoureuse du surréalisme*, préface d'Annie LE BRUN, Syllepse, 2001.

GODARD Jean-Luc, *Éloge de l'amour*, 2001.

GORZ André, *Lettre à D. Histoire d'un amour*, Galilée, 2006.

LANCELIN Aude et Lemonnier Marie, *Les Philosophes et l'amour. Aimer, de Socrate à Simone de Beauvoir*, Plon, 2008.

LEVINAS Emmanuel, *Le Temps et l'autre*, Fata Morgana, 1979.

MALLARMÉ Stéphane, *Petit air*, in *Poésies*.

RIMBAUD Arthur, *Une saison en enfer, Délires I*, 1873.

SCHOPENHAUER Arthur, *Le Monde comme volonté et comme représentation*, 1819.

SENNETT Richard, *Le Travail sans qualité : les conséquences humaines de la flexibilité*, Albin Michel, 2000.

TRUONG Nicolas (dir.), *Le Théâtre des idées : Cinquante penseurs pour comprendre le XXIe siècle*, Flammarion, 2008.

TABLE

Mise en page par Méta-systems
(Roubaix - 59100)

N° d'édition : L.01EHQN000515.B002
dépôt légal : février 2011
Imprimé en Espagne par Novoprint (Barcelone)